산촌에 사노라니

산촌에 사노라니

펴낸날	초판 1쇄 2025년 9월 25일

지은이	신영미
펴낸이	서용순
펴낸곳	이지출판

출판등록	1997년 9월 10일
등록번호	제300-2005-156호
주소	03131 서울시 종로구 율곡로6길 36 월드오피스텔 903호
대표전화	02-743-7661　팩스 02-743-7621
이메일	easy7661@naver.com
창작지도	윤보영감성시학교
디자인	김민정
인쇄	ICAN
물류	(주)비앤북스

ⓒ 신영미 2025, Printed in Seoul, Korea

값 13,000원

ISBN 979-11-5555-264-3　03810

※ 잘못 만들어진 책은 교환해 드립니다.

신영미 감성시집

산촌에 사노라니

이지출판

● **추천의 글**_ 윤보영 커피시인

  신영미 시인 하면 '여주 시인입니다'라는 말이 먼저 떠오릅니다. 여주에서 태어나 결혼 후 나가 살다가, 다시 고향으로 돌아와 시를 쓰면서 살아가는 멋지고 부러운 시인입니다. 그러다 보니 그의 시에는 서정적인 감동이 담겨 있고, 이를 바탕으로 주위에서 보고 듣는 일상이 다시 사랑으로 그려져 있습니다.

  신영미 시인이 이처럼 담백하면서도 정이 가는 시, 맛있는 시를 쓸 수 있는 비결은 무엇일까요? 저는 아름다운 자연이라고 생각합니다. 정감 가는 고향 마을 궁리 앞산과 뒷동산에는 조상 대대로 내려온 선산이 있고, 마을 앞쪽에는 남한강이 흐르고 있어 시인이 시를 쓰지 않을 수 없게 만듭니다.

  시인과는 2021년, 감성시 쓰기 수업을 통해 만났습니다. 당시 저는 퇴근 후 저녁 시간에 강의를 하고 있었고, 이때 멀리 여주에서 달려와 늦게까지 시를 배우는 열정과

정성이 오늘 이 시집을 발간하게 만든 힘이 된 것 같습니다. 그 뒤 5년여가 지나는 동안 몰라보게 단단해진 시 쓰기 실력에 놀랐습니다. 시인의 시에 담긴 고향에 대한 애정이 여주를 좋아하지 않을 수 없게 만들 것입니다.

 시인은 여주의 아름다움을 시에 담아 전국에 알리는 '여주 사랑 시인'으로 자리매김하고 있으며, '궁리마을 신문'을 만들어 마을 사람들과 함께 행복한 일상을 나누고 있습니다. 신영미 시인의 시에 감동으로 담길 아름다운 모습이 계속 기다려집니다. 더불어 시인이 여주를 더욱 잘 알리는 멋진 시인이 될 수 있도록, 늘 곁에서 이끌어 드릴 것을 약속드립니다.

2025년 9월
윤보영감성시학교가 있는 '휴이야기터'에서

● 시인의 말

여름이 지나간다.
여름은 해마다 무더웠지만
해를 거듭할수록
더 뜨겁게 느껴지는 이유는 뭘까?
모든 것은 지나가서
좋을 것도 나쁠 것도 없던
더위도 물러나고
가을이 오고 겨울이 지나가면
꽃피는 시절이 다시 오고가기를 거듭하겠지.

많은 시간이 지나고 나서
내 안의 나를 들여다본다.
시골살이!
단순한 일상이 날 게으르게 하여 이제야
겨우 낡은 노트를 정리한다.

이 글을 보고
나와 같은 누군가가 있어 공감한다면
지기가 되어 밥 한 끼 나눌 수 있다면
나는 행복으로 여기겠다.

나를 사랑해 주는 가족, 형제자매,
친지, 친구, 지인들에게
이 시집을 드립니다.

2025년 9월

沂堂 신영미

● 차례

추천의 글_ **윤보영** 커피시인 • 4
시인의 말 • 6

제1부 꽃과 희망, 당신은 아시나요?

꽃 소식 • 14
내가 나에게 • 16
별 • 18
바다 앞에서 • 20
당신은 아시나요 • 22
선바위 • 24
녹두 • 26
지갑 • 28
밤비 • 30
비우기 • 32
앵두 • 34
살아가는 것 • 36
어느 부부 • 38
새출발하는 딸과 사위에게 • 42

꽃이고 싶다 • 15
동백꽃 • 17
구피 • 19
희망 • 21
꽃이 필 때면 • 23
꽃과 희망 • 25
도토리묵 • 27
소나기 • 29
빗소리 • 31
아침 이슬 • 33
사랑하는 사람 • 35
세월 • 37
어떻게 살아야 할까 • 40
인연과 사랑 • 44

제2부 사랑으로 이어지는 그리움

엄마 • 46
꽃무늬 버선 • 48
엄마의 봄나물 밥상 • 50
텃밭 • 53
파스 • 56
내리사랑 • 58
다래 덩굴 • 60
가족 • 62
바위 • 65
열매 • 67
홑잎나물 • 69
등산 • 71
산에는 • 73
메시지 • 75

어머니와 딸 • 47
고향의 밥상 • 49
곤드레나물 • 52
텃밭과 엄마 • 54
도돌이표 • 57
잠 못 이루는 밤 • 59
아버지 그림자 • 61
호미 • 64
만약에 • 66
상추 • 68
산 • 70
산사에서 • 72
산촌에 사노라니 • 74
양로원에서 • 76

제3부 진달래 분홍 입술에 걸린 바람

입춘을 맞으며 • 78
봄 햇살 • 80
별꽃 • 82
목련 • 84
민들레 • 86
진달래 • 88
구절초꽃 • 90
인연으로 • 92
차 한 잔 • 94
어려운 말 • 96
용서 • 98
사이버 공간 • 100
카톡 • 102
카페에서 • 104

봄바람 • 79
풀꽃 • 81
산수유 • 83
모란꽃 • 85
패랭이꽃 • 87
들국화 • 89
은행나무 • 91
잎차를 따르며 • 93
귀향 • 95
어쩌란 말인가 • 97
축제의 빛 • 99
치유 • 101
카톡 배달 • 103

제4부 푸른 미소로 흐르는 가을 강

2월 • 106
3월 1일 아침에 • 108
6월의 밤 • 111
가을 강 • 113
영월루 • 115
고엽 • 117
함박눈 내리는 날 • 119
산중의 겨울밤 • 121
어쩌면 좋아 • 123
콩깍지 • 126
행복 • 128
졸업 앨범 • 130
내 나무 • 132
행상 할머니 • 134

산사 가는 길 • 107
5월 바람 앞에서 • 110
8월 어느 날 • 112
기강(이포강)가에서 • 114
가을 풍경 속으로 • 116
겨울밤 • 118
눈 속에 핀 매화 • 120
설야 • 122
마음 비우고 • 124
텃밭과 나눔 • 127
나이 • 129
중년 • 131
노인의 지혜 • 133
해 저무는 창가에서 • 136

제1부
꽃과 희망, 당신은 아시나요?

꽃 소식 | 꽃이고 싶다 | 내가 나에게 | 동백꽃
별 | 구피 | 바다 앞에서 | 희망 | 당신은 아시나요
꽃이 필 때면 | 선바위 | 꽃과 희망 | 녹두 | 도토리묵 | 지갑
소나기 | 밤비 | 빗소리 | 비우기 | 아침 이슬 | 앵두 | 사랑하는 사람
살아가는 것 | 세월 | 어느 부부 | 어떻게 살아야 할까
새출발하는 딸과 사위에게 | 인연과 사랑

꽃 소식

꽃 핀다는 소식 있기에
그 꽃!
손님처럼 머물다가
금방 떠나갈까 봐
봄이 오는 언덕으로
꽃 마중 갑니다

기다린 꽃이
당신이란 사실 알고
첫선 볼 때의 설렘
두근대는 마음으로 갑니다

무슨 말 먼저 할까?
밤새 연습한 말
까맣게 지우고 갑니다.

꽃이고 싶다

꽃 같은 사람이 되고 싶어
아니, 꽃이 되고 싶어
꽃을 들여다보고 있다

내 안의 꽃
꽃을 찾는
당신 모습을 보고 있다.

내가 나에게

크게 성장한
나무 한 그루

작은 씨앗 한 톨이
이루어 낸 기적

친구들과 뛰어놀던
꿈 많던 어린아이
씩씩하게 자랐습니다

운 좋게
또 한 그루 나무를 만나
꽃을 피우고
열매를 맺고
참 잘 살고 있습니다.

동백꽃

빨간 동백꽃
한 송이
툭,
떨어졌다

그대 그리움이
내 가슴을
쿵,
울렸다

지구가 흔들렸다.

별

오늘따라
하늘에
웬 별이
저리 많나요?

별이
사랑이라며
하늘 가득 걸어 둔 사람
혹시 당신이었나요?

구피

꼬리 치지 마
그러잖아도
눈을 못 떼고 있는데

지난번에도
한눈팔고 있다고
혼났는데

곁을 봐,
샘 많은 남편이
눈치 주잖아.

바다 앞에서

나는
한 방울의
물

목마름도
갈증도 없는

모여
모여
사랑이 된

나는
한 방울의
물!

희망

서투른 언어가
낯설게 다가오더라도

혹여
그 중에 하나
마음에 남는 말 있으면
그냥 빙그레 웃어 주기를

그대
사랑하는 마음은
늘 진실이니까.

당신은 아시나요

앞치마 벗고
화려한 외출을 꿈꾸는

삼바춤을 추고
목청껏 노래 부르고

분위기 좋은 라이브 카페에서
우아하게 커피를 마시고

영화 속 연인처럼
멋진 드라이브를 즐기고

패러글라이딩을 하며
하늘을 나는 아찔한 모험도 하고

오지 사막을 여행하며
별이 쏟아지는 밤을 보내고

당신은 아시나요?
아직도 파란 꿈을 꾸고 있는
지금 이 마음을!

꽃이 필 때면

몰아치는 비바람에
꽃잎 떨어질까 봐
밤새 가슴 아렸습니다

꽃잎 지는
아픔이 있어야
열매를 맺는다지만
그런 거 몰라요

나는 그냥
꽃이 좋습니다

꽃 같은
당신이 제일 좋습니다

선바위

길가에 서서
지나다니는
내 발자국 소리 듣고
웃는 선바위

그래,
오며가며
네 앞에서 꺼낸
그대 생각

쉿!
알아도
비밀로 해 주기
오래 오래도록.

꽃과 희망

노인들은 안다
젊음이 지나가면
되돌아오지 않음을

하지만
꽃이 피었다 진 자리
다시 꽃이 핀다는 사실도 안다

젊은이들은 모른다
노인들 가슴에도
희망이 있다는 것을

일상을
사랑으로 꽃 피울
봄 같은 희망을.

녹두

녹두 씨앗은
싹을 틔워 기르면
숙주나물이 되고
녹말을 내어 묵을 쑤면
청포묵이 된다

거피가루 만들어
인절미에 묻히면
떡고물이 되고
전을 만들면
녹두전이 된다

작지만 귀한 곡식!
가족 행복 위해
노력하는 당신처럼
팔방미인 녹두!

도토리묵

세밑에
가족이 모이면
나누어 먹을
도토리묵을 만들곤 했다

오래 끓여야
찰지고 맛있다기에
이마에 땀이 맺히도록
솥을 저었다

별미 반찬이 되고
술안주로도 좋고
아버지가 좋아하시는
묵밥을 만들면
한 끼가 되었던 도토리묵!

윤기 나는 도토리묵
가족이 나눌
탱글탱글한 사랑
추억을 불러내고 있다.

지갑

쓰면 채워 주고
쓰면 또 채워 주는
화수분 같은 사랑!

늘
가족을 위해 열려 있는
당신의 지갑!

소나기

비를
좋아하는 그대

쏟아지는 소나기를 보다가
그대 생각을 꺼낸다

우산도 없이
내 안에서
나를 향해 걸어오는 그대

역시
반갑다!

밤비

한밤중
빗소리에
잠이 깼다

한때
빗소리 들으며
같이 잠 못 들던
그대가 생각난다

그대도
지금
나와 같은
생각이기를···.

빗소리

오늘 아침
빗소리가
가슴을 울리지만
이유는 묻지 않았네

그 소리
그대 생각일 수 있어
그냥 꾹꾹 눌러 담았네

그립다
보고 싶다
아우성쳐도
내가 더 그리울까 봐
열 수조차 없었네.

비우기

불만을
털어 냈습니다
가뿐합니다

불만이
나간 자리
사랑이 채워집니다

당연히
당신 얼굴입니다.

아침 이슬

아침에
영롱한 이슬이
혼자 왔다
그냥 가려 하네

그리움 가득 담긴
내 안에
그대 생각 대신
담아나 주지.

앵두

알알이 익은
빨간 앵두

새콤달콤한
앵두를 좋아하던 소녀
그 소녀를 좋아한 소년

아직도
그 맛 못 잊어
바구니 가득 앵두를 딴다

그 소년 생각이 담긴다.

사랑하는 사람

다 내어 주고도
더 못 주어
미안한 사람

좋고 나쁨조차
생각나지 않고
오직 보고 싶게만 하는 사람

어려움이 닥쳐도
믿음 잃지 않는 사람

두려움 앞에서
용기 주는 사람
전화기 들면
제일 먼저 생각나는 사람

우연히 고개 들면
미소 지으며 날 바라보는 사람

알고 보니
당신이 그 사람
내가 사랑하고 싶은
바로 그 사람!

살아가는 것

이 세상에
변하지 않는 것 있을까요?

강물에게 물을까요
바람에게 물을까요
아니면
높은 산에 물을까요

영원히 마르지 않는 것
내 그리움 말고
또 무엇이 있을까요?

세월

해는 서산 너머
노을 속으로 사라지고

달은
기억을 되찾아
여전히 밝게 빛난다

봄이 오면
가지마다 예쁜 꽃이 피는데
흘러간 젊은 날은
한번 가면, 왜
다시 오지 않는지?

하지만 다행인 것은
내 안에 담긴
젊은 날의 기억은
그대로
그대로니까.

어느 부부

그와 그녀는
궁합을 봐도
별자리 운세를 봐도
찰떡 인연이라고
기쁨에 차서 외쳤지

사랑에 취해
장밋빛 세상이
생명의 빛으로 넘칠 때
쿵쾅쿵쾅
심장 소리 들으며
그녀는 하얀 드레스를
그 남자는 멋진 턱시도를 입고
결혼 행진곡을 울렸지

시간에 담겨
저만큼 가다가
다시 만난 봄
꽃을 피우는 소리 들린다

여름이 가고
가을이 가면
한 번쯤 돌아봐야 할
겨울이 오겠지

그 겨울!
두 부부는 손잡고
하늘을 올려다보겠지

마음에 봄을 담고
넉넉한 여유를 즐기고 있겠지.

어떻게 살아야 할까

한 그루 평범한 나무도
열매를 맺으려면
기꺼이 꽃잎을 떨궈야 한다

비바람을 견뎌내고
추운 날을 받아들여야
튼튼하게 자란다

뿌리 깊게 내려야
가뭄 이길 수 있고
거친 폭풍에 맞설 수 있다

나무처럼 버릴 것은 버리고
맞서야 할 것은 맞서면서
순리대로 살아왔다

이제, 어떻게 해야
잘 살았다 할까?
나무에서 답을 찾는다

나는 나무다
얼굴이며 가슴에
여유가 담겼다.

새출발하는 딸과 사위에게

결혼은 서로 다른 두 사람이 만나
같은 곳을 바라보며 함께 걷는 여정
두 갈래 길이 나오면 망설이지 말고
서로서로 의지하며 힘이 되어
밝고 사랑이 넘치는 긍정의 길로 가기를

이제부터는 두 사람이 하나 되어
서로가 서로에게 우산이 되어 비를 맞지 않기를
서로가 서로에게 기대어 따듯해지기를
서로가 서로에게 위안이 되어 외롭지 않기를
둘이 함께 예쁜 보금자리에서 늘 행복하기를

살다 보면 비바람 부는 날도 있으리니
폭풍우에 흔들리지 않는 나무가 어디 있으랴
깊은 사랑과 굳은 신념으로 깊이 뿌리 내린 나무
찬란한 꽃을 피우고 튼실한 열매 맺듯
구름 위에는 항상 태양이 빛난다는 것 잊지 말기를

결혼은 이 세상에서 가장 고귀한 축복 받은 언어
서로가 서로의 잔이 비지 않도록 채워 주기를
매 걸음걸음마다 평화가 있기를
하루를 천 년같이
천 년을 하루같이
사랑하며 살기를
사랑하며 살기를!

인연과 사랑

흙 속에
다시 한줌이 될 우리

누군가의 꿈이 묻힌
흙을 밟고 사는 우리

길가에 구르는
작은 돌 하나도
소중히 여기는 마음

이제는
만나는 모든 인연을
나부터
겸허히 사랑할 때!

제2부
사랑으로 이어지는 그리움

엄마 | 어머니와 딸 | 꽃무늬 버선 | 고향의 밥상
엄마의 봄나물 밥상 | 곤드레나물 | 텃밭 | 텃밭과 엄마
파스 | 도돌이표 | 내리사랑 | 잠 못 이루는 밤
다래 덩굴 | 아버지 그림자 | 가족 | 호미 | 바위
만약에 | 열매 | 상추 | 홑잎나물 | 산 | 등산 | 산사에서
산에는 | 산촌에 사노라니 | 메시지 | 양로원에서

엄마

저를
낳아 주셔서
감사합니다!

어머니와 딸

바람이 불거나
비가 내리거나
안개 가득한 날에도
언제나 제자리에서
다정한 눈빛으로
길을 인도해 주시는 어머니!

당신은
나의 등대입니다.

꽃무늬 버선

서랍장 한쪽에
꽃무늬 버선

신기 불편하고
세탁하기 힘들었던 기억으로
멀리하던 버선

꽃무늬 버선을 내밀며
"이제는 버선도 좋아져서
신기 편하고 따뜻해"
하며 주시던
엄마가 생각난다

발이 예뻐서
버선이 잘 어울리던 엄마
늘 밖에서 종종거리던 엄마 위해
아버지가 한 보따리 사다 주신
꽃무늬 버선!

버선에
꽃이 선명하게 피었다
엄마에게 건넨
아버지 웃는 얼굴로 피었다.

고향의 밥상

아버지 마음
엄마 손길
고향의 숨결

추억이 담긴
따뜻한 밥상!

오늘따라
가족이 더 그립게
엄마 손맛이 난다

다들
잘 있는 건 알지만
그래도
많이 보고 싶다.

엄마의 봄나물 밥상

눈부시게 쏟아지는 햇살
옷깃으로 스며드는 바람
풋풋한 흙냄새

냉이 달래 씀바귀 방가지 왕고들빼기 젓갈나물
방울나물 참나물 보리뱅이 쇄스랑대기 거품다지
울릉도취 쇠비름 황새냉이 잔대 갈퀴나물
당귀순 싸리순 질경이 곰보배추 소리쟁이
지칭개 꽃다지 명아주 참비름 방풍나물 세발나물
명이나물 산마늘 둥굴레싹 뽕잎나물 옻나무순
싱아 산도라지 더덕순 들미나리 돌나물 꽃다지
꽃나물 원추리 비비추싹 밀대 망초대
미나리아재비 참쑥 제비쑥 물쑥 오야리
꿩의다리 오이풀 수박풀 사위질빵순 구기자순
홑잎나물 민들레잎 다래순 두릅순머위잎
엄나무순 오갈피순 삽주싹 참취 곰취 떡취
개암취 곤드레 고사리 고비 우산나물
그 외 이름 모르는 나물들!

그중에 몇 가지
봄 향기 골라
밥상에 올렸다

엄마의 마음이
기억을 들쳐
향기까지 곁들였다

힘들었던
어린 시절 기억
엄마 사랑에
웃음꽃 다시 피웠다.

곤드레나물

곤드레나물
질박한 접시에 담아
밥상에 올렸습니다

나물에 담긴
숲속 향기가
엄마 생각으로 다가옵니다

우리 가족은
맛있는 별미를 먹고

나는 고향
곤드레만드레 사연 담긴
엄마 그리움을 먹고.

텃밭

별빛 달빛
밤새 내린 이슬
향기 가득한 텃밭

오이와 가지
애호박에 코끼리고추
거기에 청양고추까지
텃밭 가득
채소가 자라는 것만 봐도
마음이 흐뭇합니다

엄마도
텃밭 채소를 보며
밥싱 잎에 앉아 웃고 있을
가족 생각 나셨겠지요

지금 나처럼
먼저 웃고 계셨겠지요.

텃밭과 엄마

텃밭을 마련하고
이것저것 심어 놓은 채소들

언제 클까
매일 들여다보며
풀을 뽑고

어느 순간
훌쩍 자라
풍성해진 텃밭

싱싱한 채소들
바구니 가득 채우는
소소한 즐거움

엄마가
알뜰하게 가꾸셨던
텃밭의 의미를 알겠다
잘 자란 채소밭에서
환하게 웃는
엄마를 만난다

오늘 저녁 밥상에도
엄마 웃는 얼굴이
함께 오르겠다.

파스

무릎이 아프다며
엄마가 파스를 붙여 달라 하신다
손수 붙여도 될 듯한데

텃밭에 오이가 잘 큰다고
방울토마토가 익으려 한다고
비가 내리려 하니까
애호박을 따서
부침개를 만들어야겠다고

이런저런 얘기 주고받으며
근육이완제로
마사지 먼저 해 드리고
파스를 붙여 드렸다
시원하다고 하신다

오늘
사랑과 관심까지 얹어 드렸으니
시원할 수밖에.

도돌이표

한 발 한 발
기우뚱기우뚱
아기가 걸음마를 합니다

'장하다, 우리 딸!'
엄마가 환하게 웃고 있습니다

한 발 한 발
조심조심
엄마가 힘없이 걷습니다

"미안하구나!"
"괜찮아요, 엄마!"
딸이 손 잡아 드립니다

세월의 도돌이표 속에서
마주한 엄마와 딸
그 사이로
산들바람이 불어옵니다
얼굴에 꽃이 핍니다.

내리사랑

첫아이 가졌을 때
심하게 입덧하는 딸이 안타까워
이것저것 챙겨 주시던 엄마

엄마는 먼 길 떠나셨고
엄마가 좋아하시던 모란꽃만
뜰에 가득 피었는데

첫아이 가지고 입덧 심한 큰딸
엄마 닮아서 그렇다며
지금 내가 엄마처럼
딸을 챙겨 주며 안타까워하고 있다

엄마가 내게 주신 큰 사랑
내 딸에게 이어지고
태어날 내 딸의 딸아이도
훗날 입덧이 심하겠지

내리사랑을 담고
5월 하늘이 참 푸르다.

잠 못 이루는 밤

잠을 놓친 밤
담벼락에 그린 생각들이
시공을 넘나든다

적막을 깨우는 소쩍새 소리
뒷산에서 울부짖는 고라니
어둠을 가르는 부엉이

잠을 청하려
이리저리 뒤척이며
어설픈 생각에
밀린 잠이 머문 곳

치매를 잃으셨던
우리 엄마는
얼마나 밤이 길었을까?

엄마 생각이
사랑으로 이어진다.

다래 덩굴

아버지가
마당 한쪽에 심어 놓은
다래나무

날마다 눈길 보낸 가지마다
매달린 다래
아버지 숨결이 느껴진다

가을 내내
익는 대로 따먹다
남겨 둔 다래
새들이 찾아와 먹는다

"나누라" 하셨던
아버지 뜻
이제야 알겠다

배부른 작은 새
훌쩍 날아간다

아버지가
다시 그립다.

아버지 그림자

아버지 떠나실 때
평생 함께한
그림자도 따라갔습니다

산그림자 마을에 찾아오면
그리운 마음에
아버지 손으로 일구시던 논밭
햇살 출렁이는 들길 걸어 봅니다

들판에 새겨진
아버지 발자국
내 가슴에
낯익은 바람이 붑니다

아버지 사랑이
가까이 오셨나 봅니다
살짝 다녀가려고
그림자도 없이 오셨나 봅니다

아버지 그림자는 그대로
가슴에 남아 있었습니다.

가족

낡은 앨범에서 만난
반세기도 더 지난
할아버지 회갑연 흑백 사진

할아버지와 할머니
젊은 시절 아버지 엄마
일가친척들
모란꽃처럼 웃고 계신다

이제는
사진 속 할아버지 할머니보다
더 나이 많은
수줍은 어린아이도 서 있다

부모님 사랑 속에
철없이 즐거웠던 어린 시절
다시 황혼에 기대선다
주마등처럼 스쳐가는 그리움

뒤뜰에서 들리는 까치 소리
동생들이 온다는 소식 물고 왔다

업어 주었던 동생들
이제 같이 나이 들어간다
그래도 언제나 반갑다.

호미

창고 한쪽에 걸린
녹슨 호미

텃밭 구석구석 누비며
곡식들 심고 가꾸셨던
아버지의 세월!

호미를 손에 잡는다
텃밭으로
아버지처럼
뒷짐 지고 나간다.

바위

밭둑에서
쉼터가 되어 주는
너른 바위

일하다가
이 바위에 앉아
잠시 쉬셨을
할아버지, 아버지…

바위가 기억하는
이야기를 듣는다

힘들 때
자리를 내어 준 바위
가슴에 담는다

바위야!
먼 훗날
여기에 머문
나도 기억해 주기를.

만약에

하늘이 시간을 내
그곳에 계신 분들에게
휴가를 준다면 얼마나 좋을까

아버지 엄마 얼른 모셔와
온 가족 모여
잔칫상 차려 놓고
떠들썩한 분위기에
맛있는 음식을 먹고
아이들이 커가는 이야기
자손들도 보여 드리고
예전처럼 웃고 떠들면
얼마나 좋을까

하늘이
우리 부모님께
휴가를 준다면
단 한 번만이라도
사랑을 보여 드릴
기회를 준다면.

열매

꽃잎 지던 날
순수하고 아름답던
소녀의 꿈
접었지

새로 선택한
아내의 길
시작되었지

긴 인고의 시간
그 길에서 얻은
가슴 벅찬 열매!

사랑하는 아이늘아
그 열매
엄마의 보람
바로 너희란다.

상추

새소리
바람소리
햇살 스며든
텃밭에
별빛 달빛 머금은
상추가 자라고

가끔
바쁨 지우고
열어 본 가슴에
상추잎 같은
그리움이 자라고
사랑이 자라고.

홑잎나물

산이 내어 준
연한 홑잎 순
바구니에 담았습니다

부지런한 며느리도
세 번 먹기 어렵다는
귀한 제철 나물

살짝 데쳐서
조물조물 무쳐
상에 올렸지요

봄이 주는 선물
향긋한 밥상
그대를 초대합니다

이 봄이 가기 전에
얼른 오세요.

산

산은
나무 잘 키워
흐뭇해하고

부모님은
자식 잘 키워
흐뭇해하시고

그러니
부모님은 산

내 가슴에
사랑 가득 심어 준
큰 산.

등산

안내판을 따라
앞만 보고
부지런히 오른 정상

탁 트인 시야
발아래 펼쳐진 산하
온몸으로 느껴지는 짜릿함

천천히 내려오는 산길
비로소 보이는
숲속 풍경!

그 속에
다시 보이는
꽃 한 송이.

산사에서

사대천왕
눈 부릅뜨고
밤새워
산문(山門)을 지키지만

그리움 속
그대 생각
막을 수는 없었는지

바람 불어
도량에 울리는
풍경 소리

아,
역시
세속의 번뇌
그립다.

산에는

산에는
나무와 풀이
어울려 자란다

키가 크다고
잎이 푸르다고
서로 자랑하지 않는다

가끔은
가지를 내어 주고
서로 보듬고 산다

그 나무와 풀
내 안에도
자라고 있다

부모님
형제와 식구들
웃는 얼굴로 있다.

산촌에 사노라니

개구리 소리
맹꽁이 소리
6월의 밤바람은
선선하다

풋풋하게 젖어드는
그대 생각
6월의 밤바람처럼
선선하다.

메시지

글자에 마음 담아
사랑한다고 보냈지요

휴대전화를 보며
슬며시 미소 지었지요

지금 바로 열어 보고
환하게 웃음 지을
그대 생각하다

그 미소
저절로 나왔지요.

양로원에서

얼마나 많은
시간이 지나야
저리 깊은 주름이
생기는 걸까?

얼마나 많은
비바람을 맞아야
저리 깊은 골이
생기게 될까?

여기가 어딘지
외롭고 쓸쓸한 마음
눈물과 한숨이
화석이 된다

날 저무는 창가에
우두커니 서 있다가
기억을 불러내
정든 고향집으로 달려간다

다시
새싹 같은
기억이 살아난다.

제3부
진달래 분홍 입술에 걸린 바람

입춘을 맞으며 | 봄바람 | 봄 햇살 | 풀꽃

별꽃 | 산수유 | 목련 | 모란꽃 | 민들레

패랭이꽃 | 진달래 | 들국화 | 구절초꽃 | 은행나무

인연으로 | 잎차를 따르며 | 차 한 잔 | 귀향

어려운 말 | 어쩌란 말인가 | 용서 | 축제의 빛

사이버 공간 | 치유 | 카톡 | 카톡 배달 | 카페에서

입춘을 맞으며

봄!
입춘 앞에서
나무 한 그루
기지개 켜며
꽃 피울 준비를 합니다

일상 속에 묻힌 열정
따뜻한 바람 깨어나
심장 뜨겁게 만듭니다

봄바람에 꽃 피고
버들가지 흔들리면
또 마음 설레겠지요

춥고 시린 날 견디며
기다리고 기다렸던
참 반가운 날

입춘입니다
이제 늘 그리운
그대 닮은 봄을
만났으면 좋겠습니다.

봄바람

찬바람에
꽁꽁 언 텃밭

봄바람에
싹 틔울 준비하다가
나뭇가지에서 졸던
햇살을 깨웠네

이런
이런

진달래
분홍 입술에
바람이 걸렸다.

봄 햇살

잠깐 눈 돌린 사이에
햇살이
내 가슴으로 들어왔네

이제
꽃이 피면
더 그리울 텐데

날
어떻게 할 건데?

풀꽃

아침
길가에
작은 풀꽃

풀꽃에
영롱한 무지개
이슬이 맺혔다

나 모르게
혹시
밤새 사랑을 했나?

별꽃

길가 풀숲에
자그만
하얀 꽃

너무 작아
풀잎에
가려지는 꽃

지나치다가
눈 마주친
하얀 별꽃

다시 보니
바쁜 일상에 묻혀 사는
날 닮은 꽃

나 대신
핀
작은 꽃.

산수유

꽃을 먼저 피워
봄을 여는 산수유

봄만 열지 말고
내 그리움도 함께 열어 주지

그리움 속
그대 생각
꽃으로 필 수 있게.

목련

긴 기다림 끝
터질 듯 부푼 꽃망울
봄비에 젖어
목련꽃이 피었다

사랑했지만
이루지 못한 인연!
목련꽃 앞에서
아득한 전설이 깨어난다

봄비 내리던 날
곱게 접어 둔 마음
그 목련꽃으로 피기를
애타게 기다렸다

봄바람에
목련이 질 때까지
목련꽃 그늘 아래서
그리움으로 맴돌았다.

모란꽃

붉고 화사한
모란꽃이 피었다

엄마가 좋아하신다고
아버지가 심어 놓으신 꽃

꽃이 필 때마다
아버지 생각이 난다

어머니
애틋한 그리움!
가슴에 꽃으로 담긴다.

민들레

시멘트 틈에
꽃을 피운 민들레
강인한 생명력

사진에 담아
인터넷에 올리며 대견하다고
호들갑 떨다가
다시 그 꽃을 찾아갔다

어느새 훌쩍 자란 꽃대에
터질 듯 둥글게 맺힌 씨앗!

톡톡 치는
봄바람에
내 가슴으로 날아든다

그대 생각으로 담긴다
이것도
인연이다.

패랭이꽃

길 가다 만난
패랭이꽃
한참 들여다보고 있다

들길에
흔하게 피어 있던 꽃
지금은 어디로 갔는지
보기 드물다

패랭이 닮아서
패랭이꽃이라고
엄마가 알려 주신 꽃

내 안에서
엄마를 불러내
패랭이꽃 핀 들길을
함께 걷고 있다.

진달래

따듯한 햇살
제멋대로 부는 바람
아래로만 내리는 봄비
취해서 울렁거리는 대지

꽃눈이 잠을 깬다
머잖아
산골짜기마다
진달래꽃 피겠지

꽃을 본 여인 가슴
그리움 내밀며
수줍어
꽃물 들겠지.

들국화

늦가을
된서리에도 잘 견디더니
지난밤 세찬 북풍에
고개 숙인 들국화

모진 세월 앞에
꽃을 피운
어머니다

한 생을 엮어
꽃으로 피기 위해
얼마나 긴 시간을
가슴 졸이며 기다렸을까?

길어지는 산그림자
짙어지는 노을 속으로
산새 한 마리 날아간다.

구절초꽃

청정한 숲
양지바른 바위 틈
곱게 핀 구절초꽃

은은한 향기
단아한 자태
고귀한 품성

눈 감으면 아른아른
가슴에 담겨 있는
우리 엄마 닮은 꽃

가을 하늘 맑게 열리면
구절초꽃이 핀다
엄마가 보고 싶다.

은행나무 _ 용문사에서

선당에 홀로 서서
마디마다 간직되었을
수많은 염원!

해마다 쌓인 공덕
우람한 마디마디에
옹이 되어 맺혔네

넉넉한 품 한 자락에
마음 하나 새기고
법당을 나서는데

하늘이 다가와
경내에 울리는
풍경 소리

인연을 꺼내
한 자락 시간에 담고
선당에 머문 나그네

은행나무
천년 그늘에 기대어
생각에 잠긴다.

인연으로

만나고 헤어짐에
너무 연연하지 말기를

사람과 사람 사이
고리로 엮지 말기를

서로 짐이 되게 하지 말기를
바람으로 여기기를

모든 것은 지나가고
변화는 피할 수 없는 것

머무를 땐 꽃처럼 예쁘게
떠난 자리엔 향기가 남기를

가볍게 떠났다가
어느 사이 곁으로 다가와
속삭이는 바람처럼
그런 인연으로 살기를.

잎차를 따르며

열반에 이르는 길이
글자로 이해한다고
다다를 수 있을까?

세월이 간다고
어미의 마음을
쉽게 헤아릴 수 있을까?

마음 먼저 내려놓고
따르는 작설차!
설령 불어온 바람에
향이 흩어져도 괜찮다

이미 세상이
찻잔 속에 담겼고
부는 바람마저
찻잔 속에 있으니

나도
그리움 담고
찻잔 속에 머물 수밖에.

차 한 잔

찻상에
다구(茶具) 가지런히 놓고
찻잎을 준비한다

다로(茶爐)에
물 끓는 소리
마음이 가라앉는다

차를 따르기도 전에
찻잎에서 우러나온
깊은 향기!

찻잔은
맑은 하늘을 먼저 담고
향기는 내 안에서
그대를 불러낸다

기어이
오늘도
그대 생각에 취한다.

귀향

활짝 핀
수련 곁에
두꺼비와 개구리가 보이고
참새가 분주히 난다
하늘이 맑다

돌아온 고향
내 안에
보고 있는 전경이
젊은 날의 꿈
기억을 깨운다

다들
보고 싶다.

어려운 말

사랑하는 사람 앞에서
"사랑해!"
그 말을 못하고
얼굴 붉히며 가슴만 뛰었습니다

그 말
지금도 가슴에 담겼습니다

가끔 꺼내 보며
웃을 수 있는
귀한 여유로 말입니다.

어쩌란 말인가

창문을 넘어온
산들바람

바람에 담겨 온
아카시아 향기

5월은
아름다운 계절
장미꽃까지 나를 유혹한다

나
임자도 있는데
어쩌란 말인가?

용서

미운 행동을 한 사람
그 사람이 미워지면
이렇게 해 보세요

사람과 미운 행동은
따로따로 떼어
사람은 남겨 두고
미운 행동만 버리세요

그리고 저처럼
온전히 남은 사람만
좋아해 보세요

그것도 안 되면
그 사람을 꽃으로 피워
가슴에 옮겨 보세요

아마
지금 저처럼
웃으며 말할 걸요.

축제의 빛

하루를 끝내고
툇마루에 기대앉은 당신

밭에서 땀 흘리며
햇볕에 그을린 얼굴에
넉넉함이 담겼다
사랑이 깊어졌다

그래, 우리
오늘까지 잘 살았어
창가에 불빛이
깊숙이 스며든다.

사이버 공간

출입구 없이도
상형문자와 부호들이
자유로이 넘나드는
인터넷 세계

갈증으로
깊이를 모르는
고갈된 영혼

하지만
이곳에도
사랑이 있다

그 사랑 속에
당신도 있다.

치유

여린 새순
벌레가 갉아먹고
줄기만 남은 다래나무 덩굴

시간이 지나니
상처 아문 빈 덩굴에
새잎이 돋는다

다래나무 덩굴은 알고 있었을까?
기꺼이 내어 준 빈자리에
새순이 돋아나
치유된다는 사실!

당신은 알까?
다래나무 덩굴처럼
당신 생각
지우고 지워도
다시 돋아나
이어진다는 사실!

카톡

한적한 시골에서
그대
소식 기다리며

카톡 카톡
이 소리에
뛰는 심장

그대일까,
그대 가슴속
나일까!

카톡 배달

커피를 마시다가
문득 그대
생각이 났습니다

그대도 지금
내 생각 하며
커피를 마시고 있을까요?

그대에게서
카톡으로
커피가 배달되었습니다

텔레파시가 통했나 봐요
커피가
더 맛있어졌어요.

카페에서

그대를 기다리며
커피를 마셨다

빈 잔이 되도록
그대는 오지 않고
그렇다고
다시 주문할 수도 없고

그대여!
이만큼 기다렸는데
이제 내 곁에 오시면
안 될까요?

제4부

푸른 미소로 흐르는 가을 강

2월 | 산사 가는 길 | 3월 1일 아침에 | 5월 바람 앞에서

6월의 밤 | 8월 어느 날 | 가을 강 | 기강(이포강)기에서

영월루 | 가을 풍경 속으로 | 고엽 | 겨울밤

함박눈 내리는 날 | 눈 속에 핀 매화 | 산중의 겨울밤

설야 | 어쩌면 좋아 | 마음 비우고 | 콩깍지

텃밭과 나눔 | 행복 | 나이 | 졸업 앨범 | 중년 | 내 나무

노인의 지혜 | 행상 할머니 | 해 저무는 창가에서

2월

2월은
겨울의 끝자락
아쉬운 듯 머뭇거리는 겨울에게
그만 떠나자며
토닥이고 있다

2월은
막 다가온 봄에게
오히려 귓속말로
"오랫동안 기다렸지!"
자리를 양보하고
웃으면서 떠난다

그래서 2월은
더 멋진 나를
웃으면서 만날 수 있다.

산사 가는 길

아카시아꽃 향기
청보리밭에 물결치는 산들바람
논 가운데 백로 한 마리
생기 넘치는 제비의 날갯짓
더 바랄 것 없던 어린 시절

불심(佛心) 깊으신 할머니 따라
단발머리 소녀
산사로 이어진
연초록 숲길 걸었지

치마저고리 곱게 입고
공양미 머리에 이고 가시던
할머니!

짙은 그리움 담고
길은 여전히 푸른데
할머니 된 소녀
다시 할머니 기억 찾아 걷는 길

여전히
그립다.

3월 1일 아침에

언 땅 풀리듯
억눌린 가슴
함성으로 터지던 아침

한 세기 지나도
생생하게 느껴지는 것은
우리가 기억하고 있다는 증거!

이제는 평화로운 아침
겨우내 숨죽이던 대지
부지런히 호흡을 하고
마른 가지에서 꽃망울 터진다

종달새 날아오르는 하늘
둔덕에 실눈 뜬 어린 쑥
성급한 아낙네 바구니엔
풋풋한 봄나물 향기로 담기고

동백꽃보다 더 붉은 마음
선열들 숭고한 희생으로 지킨
아름다운 우리 강산!
생명력 넘치는 3월 아침
찬란한 계절이 시작된다

내 가슴에
봄이 담긴다
당신 사랑이었으면 더 좋은 봄.

5월 바람 앞에서

5월 하늘에
나뭇가지 흔드는 바람은
누구의 미소입니까?

5월의 바람 앞에
다시 미소 짓다가
첫사랑을 생각하는
지금 나는
어디쯤 가고 있습니까?

그저 그냥
지금처럼
5월 바람 앞에
바람처럼 살고 싶은
나는 누구입니까?

6월의 밤

6월
짝을 부르는 소쩍새
깊은 골이 메어지도록
목 놓아 부르는 밤

하얀 박꽃
반짝이는 이슬
별빛처럼 부서지는데

설렘 속 사내
서두르는 발자국 소리에
수줍은 여인
장밋빛 볼을 붉히는

아~
6월의
짧은 밤.

8월 어느 날

먹구름이 하늘을 덮고
바람까지 심하게 분다
폭풍 전야

비가 쏟아진다
풀과 나무가 젖고
도로에 흙탕물이 내려간다

소나기가 그치고
더위가 한풀 지난 자리
생기가 돈다

적당한 더위라면
지금처럼
그대 생각할 여유도 가질 텐데

올해 여름이 길다
더위에 지워진 그대 생각
다시 불러야겠다.

가을 강

잔잔히 흐르는
시리도록 푸른 강

여름 폭우로 불어난 붉은 물
온몸으로 받아낸 너른 품
지금은 언제 그랬냐며
푸른 미소로 흐른다

저 강도
골짜기 지나오며
여러 실개천 물을 모아
바다로 가겠지

수많은 일상이 모여
내 삶이 되고
아름다운 인생이 되었듯.

기강(이포강)가에서

강물이 흐른다
어제도 흘렀고
오늘도 흐르고
내일도 흐르겠지

강은 물을 담고 있지만
오늘 본 강물은
어제 본 그 강물이 아니다

흘러간 강물은
다시 돌아오지 않는다

우리의 삶도
흐르는 강물처럼
그렇게 역사 속으로 흘러가겠지

물결에
지울 수 없는
사랑 추억을 담고.

영월루

솔바람 불어오는
영월루 난간에 앉아
여강을 바라본다

반짝이는 수면 위로
백조 유유히 오가고
꽃그림자 물결에 흩어진다

건너편 신륵사
긴 세월 담고
강물 위에 떠 있다

신선도 반할 풍경
멍하니 바라본다
꽃잎이 된다.

가을 풍경 속으로

황금 들판
제방 따라 핀 코스모스
아침 맑은 햇살
강물에 피어오르는 물안개

오늘 아침 만난
가을 풍경입니다

그대 손잡고
이 가을 속으로
함께 걷고 싶습니다

혹시 그대!
어디쯤 오셨는지요?

고엽

아직
이슬도
차갑지 않은데
가을이 멀었는데
벌써 떨어지려 하는가?

네 앞에
귀밑머리 하얀 나도
저녁노을 불러
봄을 그려 넣는데

정녕
그대
봄을 위해
더 힘 보태지 않고
지금 떨어지려는가?

겨울밤

불 꺼진 창가에
그리움 찾아와
다독이는 밤

문틈으로 밀려드는
그대 생각
꼬리에 꼬리를 물고
하늘로 올라간다

별을 만들고
다시 넓은 하늘을 만들고
기어이
그리움을 펼친다

아~
보고 싶은 얼굴!

함박눈 내리는 날

눈이 내리네
함박눈이 내리네

첫사랑 설렘 앞에
무슨 말 해야 할지 몰라
하염없이 눈만 바라보던
그때 그 풍경으로 내리네

내린 눈은 쌓여
내 안을 덮고
첫사랑 기억 찾아
그리움으로 가슴에 내리네.

눈 속에 핀 매화

철 늦은 눈
하염없이 내리더니
매화 몇 송이를 덮었다

안타까운 마음에
가까이 다가가니
가지마다 쌓인 눈
매화꽃으로 다시 피었다

매화꽃이 눈을 불렀는지
눈이 매화꽃에 반해
찾아왔는지
내 안의
그대 생각처럼
하염없이 내렸다

눈 속에 핀 매화
눈인지 매화인지
향기로 알았다.

산중의 겨울밤

밤은 깊고
오가는 사람 없어
정적이 흐른다

그 정적 속에
슬며시 일어나는
그리움 꺼낸다

저절로
문이 열리고
들리는 소리

그립다
외롭다
그립다!

설야

눈 내리는
한적한 산골 마을

찬바람
토방 집으로 불러들여
화톳불 곁 온기와 놀다가
밖으로 내보낸다

방 안에는
이야기꽃 이어 피고
마당에는
미루었던 눈이 내린다

고향 그리움에
굵어지는 눈
발길을 묶어 두기 위해
폭설로 내린다.

어쩌면 좋아

어쩌면 좋아
그제 내린 비에
새싹 돋아나
곱게 펼쳤었는데

갑자기
눈이 내리니
어쩌면 좋아

그래도 견디자며
말해 주지만
정말
어쩌면 좋아.

마음 비우고

세상 모든 일
보고도 못 본 듯
듣고도 못 들은 척
그리 살려 했는데

이 소리 저 소리
이 꼴 저 꼴 듣고 보라며
지나가는 바람이
자꾸 날 흔들어 대니
멀미가 난다

반백 년 지나며
모서리 다듬은 세월
자신과 약속도 지키기 힘들다

흐르는 물에
마음 씻고 또 씻는데
어느새 다가온 황혼!

긴 가뭄 끝
기다리던 단비로
꽃잎에 생기가 돈다

내가 나눈
사랑의 힘이다.

콩깍지

어머어머
세상에
나더러
자기만 바라보래

그러잖아도
콩깍지 씌어
세상이 다
그대로 보이는데

이러다
내가 콩타작 하자면
어쩌려고.

텃밭과 나눔

텃밭 가득
자라는 먹거리들

가족과 나누고
이웃과 나누고

먹는 즐거움에
나누는 즐거움

우리
텃밭엔
행복이 가득!

행복

행복한 이유를 물으면
얼른 생각나지 않아
당황스럽겠지요

찬찬히 생각해 보면
그 이유
수없이 많은데

그중에도
웃을 수 있는
지금이
가장 큰 이유인데.

나이

백 계단쯤 올라가면
더 좋은 계단이 있다고 해서
무작정 오르고 있는 계단!

올라갈 수는 있지만
내려올 수 없는 계단
남 따라 오르기도 하고
세월에 떠밀려 오르기도 하고

앞으로
몇 계단을
더 오를 수 있을까?

계단 끝에 올라서면
무엇이 보일까?
그곳에서 나는
어떤 모습일까?

그래,
그곳에 서 있을 나
그냥, 향기 나는
꽃 한 송이였으면 좋겠다.

졸업 앨범

책장을 정리하다
꺼낸 졸업 앨범

시간이 멈춘
사진 속
즐거웠던 순간들

넘기는 사진마다
해맑게 웃고 있는 친구들

아름다운 날들이었지
잘 살고 있겠지
보고 싶다
친구들아!

중년

내가 나무라면
꽃피는 시기를 지나
열매를 키워
단맛 가득 풍기는
가을쯤 되었겠지

중년인 당신
가을 무르익은
향기가 난다.

내 나무

내 나무에
나이테 하나 더 보탰다

지난해 것과 비슷한
평범한 나이테

벌레 먹은 흠집도 없고
비바람에 시달린
흉터도 없어 감사하다

비바람 막고 서서
아낌없이 내어 주던 나뭇잎들
흙이 되기 위해
숲속으로 돌아갔다

나도 언젠가
숲으로 가겠지

한 그루 나무로 살며
아낌없이 주다가
웃으면서 가겠지.

노인의 지혜

나이가 들면 안다
꽃이 피었다 시들면
씨앗을 남길 뿐
다시 꽃이 되지 않듯
젊음이 지나가면
다시 되돌아오지 않음을

하지만
나이가 들어도
모르는 사실이 있다

꽃이 남긴 씨앗이
다시 꽃을 피우듯

나이가 들어도
다시 사랑할 수 있다는 사실을.

행상 할머니

한 번도 포기하거나
물러선 적 없을 것 같은
할머니의 표정

정류장 매연 속
먼지 쌓인 잡동사니들
길가에 펼쳐 놓고
까칠한 목소리로
귀갓길 재촉하는
행인을 불러 세운다

발길에 채이면서도
거부하지 못하고
치열하게 살아온
날들의 흔적

그 흔적 속에 우리가 있다
너 나 할 것 없이
한 시대를
치열하게 살아온 우리

가슴 가슴에
보람과 긍지를 달고
행복해하는 우리!
그 우리 속에
행상 할머니 목소리가 따라온다.

해 저무는 창가에서

녹록지 않았던 하루지만
해가 지려 하니 아쉽다

뒤돌아볼 여유도 없이
가속도 붙은 내리막길
눈 뜨면 아침
고개 들면 저녁

끝이 없을 것 같았는데
잡히지 않는 바람처럼
흩어지는 구름처럼
흐르는 물처럼 가버린 시간

그 시간 속에서
나를 만난다

해가 저물고
밤을 지나
아침을 맞는다

새로 핀
꽃을 만난다.